LOHENGRIN

INSTRUMENTATION
ET PHILOSOPHIE

PAR

EDMOND VANDER STRAETEN

PARIS
[...] DES SAINTS PÈRES

MDCCCLXXIX

LOHENGRIN

Gand, impr. Eug. Vanderhaeghen

LOHENGRIN

INSTRUMENTATION

ET PHILOSOPHIE

PAR

Edmond Vander Straeten

PARIS
J. BAUR, 11, RUE DES SAINTS PÈRES

MDCCCLXXIX

A

Madame Richard Wagner

Hommage de respectueuse sympathie

L'Auteur

es lignes ont paru, il y a longtemps, dans LA FÉDÉRATION ARTISTIQUE.

Je les redonne ici telles quelles, à la prière de mes amis.

LOHENGRIN a le don de soulever de vives colères et de provoquer d'ardents enthousiasmes.

Je ne viens point prêcher l'accord parfait : il est décidément impossible.

Je tiens simplement à affirmer certains principes, avec lesquels il serait puéril désormais de ne vouloir point compter.

Le reste est le secret de l'avenir.

I

ec *plus ultra,* dit l'École. *Spiritus flat ubi vult,* répond le Progrès.

Et le Progrès a raison.

Contester aujourd'hui l'incommensurabilité du domaine musical, quelle folie !

En présence des prodiges accomplis depuis un demi siècle par un art qui jamais n'aura dit son dernier mot, on ose encore invoquer le vieux cliché du goût, de la raison, de l'autorité.

Fi donc !

Comme si le sort de la musique dépendait du caprice d'un individu ou de la fantaisie d'un aréopage !

Le génie ne connaît point ces barrières-là. Il s'affirme. *Lux facta est.*

Un tyran impitoyable, c'est l'oreille. Rien ne résiste à son despotisme. La routine lui fait surtout horreur. A peine certaines pages, illuminées d'un chaud rayon d'inspiration, échappent-elles comme par miracle à sa soif destructrice.

Heureusement, sur ces ruines accumulées s'élèvent de nouveaux édifices, capables de braver longtemps encore les fureurs de cet agent impitoyable, que Cicéron nomme *judicium aurium superbissimum.*

Dans ce temple, fraîchement construit, on ne se contente plus de sacrifier à certains phénomènes moraux et physiques, imposés par la convention; on dresse des autels à tout ce qui se meut au fond et à la surface de ces deux mondes de la matière et de l'esprit, trop longtemps réputés inaccessibles.

Ah! nous voilà loin d'un certain programme stéréotypé, qui se limitait, d'un côté, aux subdivisions banales de la colère, de l'amour, de la tristesse, et, de l'autre, aux dérivés de l'eau qui coule, du tonnerre qui gronde, du feu qui s'allume.

Un génie puissant est presque l'égal de Dieu.

A son gré, il décompose indéfiniment un

rayon de lumière, et en tire les couleurs les plus riches et les plus variées. Il combine de même le son, pour lui emprunter les harmonies les plus caractéristiques et les plus étonnantes.

Laissez donc cette palette du musicien, comme celle du peintre, concourir à l'Harmonie universelle par les moyens nombreux dont elle dispose. Craignez, en en retranchant un seul, de l'écarter du vrai but de la création.

Et votre centre commun? Et votre point de rappel? Et vos intervalles? Et vos gradations?

Foin de tout cela !

« L'univers entier est aux beaux-arts, » s'écrie un esthéticien du siècle dernier. Mais, immédiatement après vient ce piteux correctif : « On ne doit en faire usage que selon les lois de la décence. »

Décence se dérive de *decere*. Cette racine seule est la condamnation de la clause restrictive du malavisé législateur. Toujours l'artificiel, toujours l'étroit, le convenu : *quod decet*.

Pardonnons lui, car c'est à sa sagacité, cette fois incontestable, que l'on doit la thèse bien avancée pour l'époque où il la produisit :

« La plus mauvaise de toutes les musiques est celle qui n'a point de caractère. Il n'y a pas de son dans l'art qui n'ait son modèle dans la matière, et qui ne doive être au moins un commencement d'expression, comme une lettre ou une syllabe l'est dans la parole. »

A la bonne heure !

Si des sons existent dans la nature pour toutes les idées, pour tous les sentiments, qu'en fera l'instrumentiste, sinon s'en servir de la manière la plus large, la plus illimitée, pour en arriver à sonder à fond le labyrinthe immense de la vie réelle ou idéale ?

Il ne saurait donc s'en tenir exclusivement à peindre :

« Les oiseaux qui chantent, comme pour nous piquer d'émulation ;

» Les échos qui leur répondent avec tant de justesse ;

» Les ruisseaux qui murmurent ;

» Les rivières qui grondent ;

» Les flots de la mer qui montent et qui descendent en cadence comme pour mêler leurs sons divers aux résonnemens des rivages ;

» Les zéphirs qui soupirent parmi les roseaux ;

» Les aquilons qui sifflent dans les forêts ;

» Les vents conjurés, ou plutôt concertés ensemble par la contrariété même de leurs mouvemens, qui, après s'être choqués dans les airs, se réfléchissent contre les corps terrestres : monts, vagues, rochers, bois, vallons, collines, palais, cabanes, pour en tirer toutes les parties d'un concert ;

» Enfin, cette belle base dominante, vulgairement nommée Tonnerre, si grave, si majestueuse, et qui sans doute nous plairoit davantage, si la terreur qu'elle nous imprime ne nous empêchoit quelquefois d'en bien goûter la magnifique expression ([1]). »

([1]) *Essai sur le Beau.* — Amsterdam, 1760, p. 116.

II

endant que la « belle basse » du père André roule dans les abîmes, abordons une autre gamme d'expression pittoresque, celle-ci purement philosophique, et, j'ajouterai, longtemps inaperçue.

L'être moral peut-il être dépeint d'une façon saisissante par les seules ressources de l'instrumentation? Le fait a été résolu victorieusement par plusieurs œuvres d'un mérite supérieur.

Chaque voix d'un orchestre a le don d'assigner au caractère d'un individu une nuance particulière qui le détermine éloquemment.

L'affinité physique est évidente; l'analogie morale ne saurait faire l'ombre d'un doute depuis que Wagner a produit *Lohengrin*.

La harpe, par exemple, est un instrument de lumière. De toute antiquité elle a chanté les attributs du Tout-Puissant. David en est la personnification légendaire.

La lyre a servi au même usage. La lyre d'Orphée, celle d'Amphion ont été célébrées par les poètes grecs et latins.

Ce symbolisme religioso-mystique domine tout le moyen-âge.

Pour ne parler que de la glorieuse Flandre, toutes les cérémonies pieuses y étaient rehaussées d'instruments à cordes.

Le choix variait suivant les localités, les époques ou d'après les éléments d'exécution dont on disposait (¹).

La lyre, la harpe, le psaltérion prédominaient dans le haut moyen-âge.

A partir des croisades, c'est le luth qui a la préférence; puis, c'est le tour de la rote, du

---

(¹) C'est chose merveilleuse que de voir à quel point le génie musical flamand s'est mis à l'unisson de cette esthétique philosophique de l'instrumentation. La Flandre touchait au Brabant, où se déroule le drame.

rebec, de la viole et de toute la famille similaire d'instruments à cordes.

Les villes situées sur les bords de la mer ont le plus longtemps conservé ces vénérables traditions.

A Furnes, notamment, l'appareil à cordes : violon, harpes, luths, s'y déploie encore en plein seizième siècle. Furnes semble donner la main, à travers l'Océan, à la lyrique Écosse (¹).

A Ostende, le même fait se remarque ; mais Ostende a surtout gardé, avec une fidélité des plus scrupuleuses, le legs des coutumes intimes, des fêtes de famille.

Il y a un livre à faire sur les pratiques traditionnelles qui s'y accomplissent, jusque bien avant dans le dix-septième siècle, restes curieux du paganisme, dont la bénédiction des flots, à la fête de Saint-Pierre, me semble être le couronnement suprême.

La trompette et sa famille représentaient l'autorité, la puissance ; c'est l'instrument rouge,

---

(¹) Voy. ma notice : *Le Noordsche Balk* (instrument de musique) *du Musée archéologique d'Ypres*. (Ypres, 1868 p. 9.), et le 2ᵐᵉ volume de ma *Musique aux Pays-Bas*. La monographie des Ménestrels, au 4ᵐᵉ volume de ce dernier ouvrage, renchérit considérablement sur ces indications concises.

s'il m'est permis de hasarder cette épithète.

C'est au son de la trompette que défilait le magistrat de Flandre; c'est au son de la trompette qu'il promulguait ses ordonnances.

La trompette stimulait aussi l'ardeur guerrière et menait au combat. Toutefois, l'élément militaire a été symbolisé dans les anciennes coutumes flamandes par le tambour, instrument oriental, et par le fifre, instrument germain.

Et quand les associations guerrières de Flandre dégénérèrent en sociétés d'amusement, de par les ducs de Bourgogne, le tambour et le fifre continuèrent à remplir leur singulier rôle d'autrefois.

Les *Huguenots* offrent un exemple de cette particularité, dans la chanson du *piff, paff!* qui forme, avec le choral de Luther et le couvre-feu parisien, ce qu'il y a de plus remarquable, en fait de couleur locale, dans cet opéra.

Aujourd'hui encore, dans maintes villes flamandes, les tirs à l'arc, à l'arbalète et à la carabine s'organisent aux sons de ces deux instruments, si dissemblables pourtant de forme et de diapason ([1]). C'est comme les gnomes, *Kabou-*

([1]) Voir mon *Théâtre villageois en Flandre*, t. I, p. 48.

ters, opposés aux géants, *Reusen,* de nos vieux cortèges emblématiques.

Entre la harpe symbolisant l'élément religieux, et la trompette caractérisant l'élément civil, se placent, comme une sorte de trait d'union mystérieux, la douce flûte et le tendre hautbois, instruments de la vie paisible, interprètes de la retraite silencieuse, comme aussi de la candeur, de la naïveté et de l'innocence.

La flûte, surtout, grâce à ses sons veloutés et ondoyants, vous porte à une molle langueur. Un auteur anglais, cité par Suard, dit avoir vu un enfant crier et pleurer au son d'une trompette, et s'endormir, un instant après, au son d'une flûte (¹).

L'agreste hautbois caractérise les temps primitifs, où, selon les poètes, l'humanité était plongée dans les délices d'une félicité sans bornes. « Le hautbois, champêtre et gai, dit Grétry, sert aussi à indiquer un rayon d'espoir au milieu des tourments (²). »

(¹) Il ne faut pas confondre cette flûte, au timbre doux et tendre, avec la flûte des anciens, qui ressemblait à une trompette et en avait le son éclatant : *acris*, comme dit Horace. Elle vibrait dans les combats et dans les apothéoses des héros. Delà peut-être l'usage du fifre dont il vient d'être parlé.

(²) Voir ma *Mélodie populaire dans Guillaume-Tell*, où

Grétry, de même qu'une infinité de compositeurs, n'a eu recours à ces diverses voix de l'orchestre, que par échappées insignifiantes. Ici une ritournelle, là un trait d'accompagnement passager, ailleurs une entrée banale.

L'analogie philosophique de ces voix n'a été, en thèse générale, qu'entrevue seulement.

Wagner en a fait des types, où les caractères s'incrustent et s'incarnent.

Il ne s'agit plus, pour ces instruments, de se borner à traduire simplement l'impulsion du cœur, les impressions de l'âme. Il faut qu'ils deviennent une synthèse vivante, correspondant à une situation, à un épisode, qui fera du personnage un ange ou un monstre, dès les premières mesures entendues.

L'instrument-type suivra pas à pas ce personnage à travers les péripéties du drame, et

---

le rôle pittoresque et même philosophique du hautbois, remplaçant la cornemuse, est étudié de façon à faire du chef-d'œuvre de Rossini, les ranz helvétiques aidant, un bouquet de thèmes agrestes d'un parfum exquis. Le motif générateur dessine la couleur locale, assiste à la conspiration, participe au combat et préside au triomphe. C'est, avec les timbres âpres et caractéristiques du *Freyschütz*, le plus grand effort du génie psycologico-instrumental moderne, avant Wagner.

ne l'abandonnera que lorsque son intervention aura cessé complètement.

On aura ainsi un instrument spécial pour individualiser Elsa, la jeune fille innocente; Lo-Lohengrin, le messager surnaturel; Ortrude, l'esprit du mal; l'Empereur d'Allemagne, la souveraine autorité (¹).

Ces caractères sont si nettement dessinés, qu'on les distinguerait sans peine, sans le secours des paroles ou de l'appareil théâtral.

(¹) Schobart a rattaché à chaque tonalité une idée caractéristique. Son assimilation, quoiqu'un peu arbitraire, ne laisse pas que d'être très frappante. Au fond, la tonalité psycologique est une affaire de pure inspiration, défiant tout système préconçu.

III

Dès son entrée en scène, la candide Elsa est marquée par un coloris instrumental qui ne la quitte plus. Le hautbois dépeint à l'oreille ce que dépeignent aux yeux la robe blanche et les cheveux flottants de la jeune fille.

Une marche élégiaque est confiée au tendre et plaintif instrument. On ne saurait, d'un coup de crayon, obtenir des effets plus réels et plus saisissants.

C'est le hautbois qui supplée au silence de la victime, en face de la Cour Suprême. C'est le hautbois qui soutient et qui commente les premières paroles de l'accusée. Non, elle n'est point coupable ; pitié pour elle, semble-t-il dire !

La flûte s'y joint, dans le récit du rêve prophétique : le cygne et la colombe sont annoncés. Le cygne arrive, au son des mêmes accords consonnants qui ont bercé le songe d'Elsa et qui présideront à la victoire de son sauveur.

Tour à tour, ou simultanément, les deux instruments blancs participent à la scène du serment, à la scène du balcon, où Elsa confie aux étoiles les émotions qui débordent de son cœur (¹), à la marche religieuse, au chœur nuptial, au doux entretien, où les époux savourent avec ivresse leur bonheur d'un instant, enfin, au déchirant moment où l'idéal d'Elsa s'envole pour toujours.

Les dernières notes du drame sont formulées

(¹) « Lorsqu'Andromaque récite, — dit Grétry, à propos de la tragédie lyrique de ce nom, — elle est presque toujours accompagnée de trois flûtes traversières qui forment harmonie. » Grétry se trompe en disant que ce fut la première fois qu'on eut l'idée d'adopter les mêmes instruments pour accompagner le récitatif d'un rôle que l'on veut distinguer. L'embryon du procédé remonte aux créateurs du drame lyrique, c'est-à-dire au commencement du dix-septième siècle. Tout y était arbitraire, bien entendu. La voix de Caron, dans l'*Orfeo* de Monteverde, est accompagnée par deux guitares ! Jugez.

par la flûte (¹). Elles semblent empreintes d'un parfum de chasteté qu'elles répandent dans l'atmosphère et qui paraissent suivre Lohengrin à travers les sinuosités des flots...

Quand la lumière se mêle à ce coloris, déjà si chatoyant, dans l'incomparable scène où Psyché veut connaître l'époux que les Dieux lui ont donné, quels séduisants effets d'optique, quels mirages enchanteurs !

Figurez-vous les Alpes neigeuses éclairées au soleil. Des paillettes d'or s'échappent de cette nappe blanche scintillante, qu'enveloppe une atmosphère azurée et prismatisée.

Les deux instruments, enlacés les uns aux autres, se confondent dans une mutuelle ivresse et s'imbibent de clartés radieuses et magiques.

Au soir, les blanches nuées, les tons diaprés, se voilent d'une teinte grisâtre, transparente aussi, mais discrète et calme comme la douce lueur de la lune.

C'est le tête-à-tête mystique, soupiré par le quatuor à cordes en sourdines. Aux doux susurrements de la flûte et du hautbois, succèdent les sons clair-obscur de la clarinette. Une

---

(¹) Par un trait de génie qui remonte à deux siècles, la flûte, blancheur de l'aube, est opposée aux ténèbres qui disparaissent, dans le *Faëton* de Vondel.

dernière fois, le chant d'amour nuptial s'épanche, quand Elsa s'éloigne sous le coup d'une sorte de malédiction, amenée par son indiscrétion fatale.

Cette intervention de la clarinette, au milieu de la joie changée en deuil, est sublime. C'est pour ainsi dire la flûte munie d'un crêpe funèbre.

Encore un trait de pinceau du génie !

Gounod a tenté d'imiter le procédé des instruments blancs dans son *Faust*. Mais quelle énorme distance entre le modèle et la copie ? Wagner a, sur son imitateur, l'inappréciable avantage de laisser à l'héroïne du drame son caractère de naïve candeur, à partir de l'introduction jusqu'au dénoûment.

Gounod, au contraire, est forcé, par les péripéties de son poëme, d'abandonner, dès le troisième acte, la note douce dont il s'était servi précédemment. Dès lors, on le conçoit, le caractère de Marguerite marche à l'aventure.

Comment exprimer Gretchen coupable ? Comment la dépeindre réhabilitée devant Dieu ? Tout cela est resté à l'état embryonnaire. Disons mieux : à l'état imperceptible, nul.

La différence essentielle entre les races germanique et gauloise se dessine ici d'une façon frappante.

Gounod entame une idée, prise à autrui, s'entend. Il ignore l'art de la développer, de la transformer. Il se voit obligé, faute de mieux, de l'abandonner au beau milieu de son ouvrage.

Wagner, par contre, poursuit la sienne victorieusement, à travers toutes les phases que revêt le drame; il lui faut subir mille applications, mille modifications diverses; puis, l la groupe, en guise de péroraison, au moment où la barque de Lohengrin quitte les rives de l'Escaut.

Il ne saurait être question d'archaïsme à propos de *Faust*. Les quelques mesures qu'on y remarque sont gauchement empruntées à l'immortelle *Chanson du Roi de Thulé* de Schubert.

IV

Comment Wagner s'est-il acquitté de cette tâche délicate et ardue? On vient de voir avec quelle supériorité il a fait marcher de front la psycologie et l'archéologie, pour individualiser Elsa.

En esprit prime-sautier qu'il est, le maître ne s'est pas borné à faire au rôle du messsager céleste, des adaptations purement mécaniques, à la façon de celles de Meyerbeer. Il a fondu toutes les couleurs de sa palette pittoresque dans une combinaison poético-idéale qui s'élève aux proportions d'une merveilleuse création.

Lohengrin personnifie le droit, la justice. Le

tribunal humain va prononcer une sentence inique. L'élément divin intervient.

Au lieu de faire accompagner gauchement et banalement les chants suaves du champion mystérieux, par une lyre ou harpe, vieux cliché, Wagner fait miroiter le quatuor à cordes dans ses sonorités suraiguës, et, dès les premières mesures de ce ravissant susurrement aërien, l'imagination est lancée dans les sphères les plus élevées de l'illusion imagée.

Liszt l'appelle « une sorte de formule magique, qui, comme une initiation mystérieuse, prépare nos âmes à la vue de choses inaccoutumées et d'un sens plus haut que celles de notre vie terrestre. »

Il ajoute : « Cette introduction renferme et révèle l'élément mystique, toujours présent et toujours caché dans la pièce; secret divin, ressort surnaturel, suprême loi de la destinée des personnages et des incidents à contempler.

» Pour nous apprendre l'inénarrable puissance de se secret, Wagner nous montre d'abord la beauté ineffable du sanctuaire, habité par un dieu qui venge les opprimés, et ne demande qu'amour et foi à ses fidèles.

» Il nous initie au Saint-Graal; il fait miroiter à nos yeux ce temple de bois incorruptible, aux murs odorants, aux portes d'or... dont les splendides portiques ne sont approchés que de ceux qui ont le cœur élevé, et les mains pures.... Il nous le montre d'abord reflété dans quelque onde azurée, ou reproduit par quelque image irisée.

» C'est, au commencement, une large nappe dormante de mélodie, un éther vaporeux qui s'étend, pour que le tableau sacré s'y dessine à nos yeux profanes : effet exclusivement confié aux violons, divisés en huit pupitres différents, qui, après plusieurs mesures de sons harmoniques, continuent dans les plus hautes notes de leurs registres.

» Le motif est ensuite repris par les instruments à vent les plus doux; les cors et les bassons, en s'y joignant, préparent l'entrée des trompettes et des trombones, qui répètent la mélodie pour la quatrième fois, avec un éclat éblouissant de coloris, comme si, dans cet instant unique, l'édifice saint avait brillé, à nos regards aveuglés, dans toute sa magnificence lumineuse et radiante.

» Mais le vif étincellement, amené par degrés à cette intensité de rayonnement solaire, s'éteint avec rapidité comme une lueur céleste. La transparente vapeur des nuées se referme, la vision disparaît peu à peu dans le même encens diapré, un milieu duquel elle est apparue, et le morceau se termine par les premières six mesures devenues plus éthérées encore.

» Son caractère d'idéale mysticité est surtout rendu sensible par le pianissimo toujours conservé dans l'orchestre, et qu'interrompt à peine le court moment où les cuivres font resplendir les merveilleuses lignes du seul motif de cette introduction. »

Après cette adorable analyse, Liszt a recours à une allégorie plus exquise encore, où il compare ce chant, qu'on croirait descendre des mystérieuses hauteurs de l'Empirée, « à l'ascétique ivresse que produirait en nous la vue de ces fleurs mystiques des célestes séjours, qui sont toute âme, toute divinité, et répandent un frémissant bonheur autour d'elles.

» La mélodie s'élève d'abord comme le frêle, long et mince calice d'une fleur monopétale, pour s'épanouir en un élégant évasement, une large harmonie, sur laquelle se dessinent de fermes arrêtes, dans un tissu d'une si impalpable délicatesse, que la fine gaze paraît ourdie et renflée par les souffles d'en haut.

» Graduellement ces arrêtes se fondent ; elles disparaissent d'une manière insensible dans un vague amoindrissement, jusqu'à ce qu'elles se métamorphosent en insaisissables parfums, qui nous pénètrent comme des senteurs venues de la demeure des Justes (¹) ».

Avec les sons cristallins et diamantés de la harpe, ces nuances discrètes et fines, ces images magiques de la coloration pittoresque devenaient absolument impossibles.

On entend et l'on voit. Jean-Jacques appelle cela avec infiniment de sens : « Mettre l'œil dans l'oreille. »

Cette page monumentale de Wagner domine tout le drame, à partir du fragment aërien qui s'en détache, quand Elsa dit sa vision, et de l'apparition du cygne traînant la barque miraculeuse, jusqu'au moment où le messager de Dieu quitte les rives de l'Escaut pour regagner sa céleste demeure.

Dans le récit révélateur, émouvante synthèse d'une action éminemment captivante, le scintillement lumineux ne s'épanche plus exclusivement en vibrations suraiguës des cordes.

La trompette y prend part : Lohengrin a combattu. Le hautbois s'y marie : le chevalier a aimé... Nouveaux effets d'une palette sonore, d'une richesse indescriptible.

(¹) *Lohengrin et Tannhäuser*. — Leipzig, 1851, p. 48 et 50.

V

 n face du magicien d'en haut, se place la magicienne d'en bas, sorte de Circé dont les enchantements tiennent captif le prince Godefroid, et qui s'enroule comme un serpent vénimeux autour de sa chaste victime, Elsa.

Ce génie du mal, qui s'épanche en imprécations vengeresses, est dépeint par les sons inférieurs, ou chalumeaux, des instruments à anches : clarinettes, cors anglais, bassons, saxhornes.

Ces sons caverneux, à clapotements sinistres, comme la *vox humana*, ou plutôt la *vox inhu-*

mana de l'orgue, sont formulés en mode mineur, pour renforcer d'une nuance plus expressive encore, le coloris ténébreux du monstre déchaîné.

Donc, non seulement la ligne mélodique qui n'est qu'un long zig-zag, semble ramper comme un reptile vénéneux, mais le timbre même des instruments s'associe à ces sinuosités tortueuses par de sourds grondements, où l'on croit entendre le rugissement de quelque fauve, guettant sa proie (1).

La scène où Ortrude, jointe à son mari déchu, conspire pendant la nuit la perte d'Elsa, au pied du château de celle-ci, est une de ces conceptions capitales dont on ne saurait avoir le pendant que dans les maîtres du pinceau ou du burin.

Les grincements caverneux de la Macbeth germanique, renforcés par les trémolos haletants des cordes, vous donnent positivement le frisson.

C'est ainsi que j'aurais voulu voir caractérisé

---

(1) Grétry a imaginé d'aligner des notes en cercle, pour dépeindre les anneaux de la chaîne d'un prisonnier. C'est subtil, enfantin même. L'esprit y a toute la part, le sentiment aucun. Et pourtant Grétry, à chaque page de ses mémoires, place le sentiment au-dessus de tout.

Bertram. Les cuivres plaqués qui soutiennent sa mélopée, dite infernale, me paraissent plutôt inventés pour servir de contraste ou de repoussoir, que créés pour accentuer une idée philosophique et dramatique.

La statue du Commandeur descendant de son piédestal pour empoigner son lâche insulteur, au milieu d'un luxueux festin, est bien plus heureusement campée, à l'aide des trombones que Mozart a réservés intentionnellement jusqu'à cette scène.

L'effet en est foudroyant.

Rossini a encore été dans le vrai, en adaptant, par moments, à la voix grandiose de Moïse, un accompagnement de cuivres, parce que le législateur des Hébreux est un personnage autoritaire, qui ne saurait revêtir au théâtre son prestige et son importance, qu'à l'aide de la phalange bruyante des trompettes, des trombones et des ophicléides.

Ces instruments solennels dominent monarchiquement aussi dans *Lohengrin,* pour traduire la volonté suprême du souverain, qui vient sous le vieux chêne tenir cour plénière.

Quelle majesté ils prêtent au récit introductif ! Que de force persuasive ils ajoutent à la prière avant le combat, prière qui semble incrustée dans le fer et dans le bronze ! Et quel dialogue réaliste résulte des huit trompettes accordées en quatre tons différents (*mi* bémol, *ré*, *mi* et *fa*) et faisant leur entrée isolément, chacunes dans leurs tons respectifs, sur une figure de basse continue qui simule le grand tumulte des chevaux... (¹)!

La basse dure sans discontinuer en triolets croches, pendant plus de cent mesures, jusqu'à l'entrée des quatre trompettes de l'empereur, qui, à travers tout l'opéra, font retentir la même fanfare éclatante, dès que le monarque paraît.

La phalange des trompettes seigneuriales les saluent tour à tour, s'y joignent et éclatent toutes simultanément. Une sorte de marche hiératique, pleine d'une imposante grandeur, est chantée successivement en deux tons différents, par les gros cuivres, et laisse présager l'accomplissement d'un grand évènement.

A ceux qui s'offusqueraient, dès le début du drame, de cette profusion de sonorité métallique, je me contenterai de dire :

Il ne s'agit point, dans une œuvre d'inspiration, de calculer froidement les effets matériels, en vue d'en arriver finalement, et en passant du simple au composé, à des résultats de sur-

---

(¹) Consultez, à ce sujet, la belle étude de Liszt, p. 89.

prise et d'étonnement; il s'agit d'être vrai et de toucher juste, tout en restant noble et beau.

Si le drame de *Lohengrin* se termine aux sons voilés de deux flûtes, où est le mal?

N'avons-nous pas dans la nature le lever et le coucher du soleil, la montagne et la vallée, le fleuve et le ruisseau?

Les crescendos d'un acte à l'autre, aboutissant artificiellement au summum de l'effet vocal et instrumental, ne sont que des procédés d'où tout vrai art est exclu, des mirages qui ne sauraient éblouir que la foule ignorante et trop facilement impressionnable.

Lohengrin, écrit, — pour emprunter une métaphore admirable, — avec une plume arrachée à l'aile d'un ange, devait finir par un reflet de l'idéalisme céleste.

VI

ù s'arrêtera la révolution commencée ? Nous voilà loin de l'incroyable défi lancé à la perfectibilité humaine : « Ceci est le dernier terme de la science et de l'art ([1]). » *Nec plus ultra.*

([1]) Fétis, *Histoire de l'harmonie*, et *Traité d'harmonie*; ad finem. Rapprochez cette thèse étrange de celle que le même écrivain a soutenue dans la *Revue et Gazette Musicale*, où il dit notamment que : « de tout temps, les musiciens et le public ont été sous l'influence d'un illusion singulière, à savoir, que certaine forme de l'art, découverte par un artiste de *génie*, était le but final et le dernier terme de progrès. » Et concluez !

Château de cartes, renversé d'un souffle !

Non seulement les combinaisons multiples de l'harmonie ont ouvert des mondes nouveaux, mais les aggrégations infinies des timbres de l'orchestre ont frayé des routes inaperçues dans le domaine de la psycologie et de la physique.

Le drame musical, en complète voie de transformation, s'est vivement imprégné de l'élément cosmique, s'il m'est permis d'employer cette expression. Il a repris possession de son bien, et ce n'est que justice.

Redisons-le : tout l'univers visible et invisible est dans ses attributions, comme ce microcosme vivant, moral et matériel, l'homme.

On se croyait parvenu aux confins extrêmes de l'idéal entrevu, avec l'orchestre de Beethoven, avec le drame, faux selon moi, de Meyerbeer, avec la mélodie de Bellini, mélodie enchanteresse, il est vrai, mais qui n'est, en définitive, qu'une sorte d'aigrette dorée au haut d'un pignon dressé dans le vide, tandis qu'elle devrait briller aux sommets d'un édifice qui a son rez-de-chaussée, son premier, son deuxième et son troisième étages, comme la mélodie de Walter, d'une architecture immense, équilibrée, dans toutes ses parties, du faîte à la base, à la péroraison des *Meistersinger*.

Que de progrès accomplis ! Et se douterait-on

qu'un seul homme ait pu réunir à la fois, et l'éloquence du drame, et l'éloquence de l'harmonie et de la mélodie ?

Le *Lohengrin* cependant n'est qu'un premier pas dans la voie de la réforme. Il fait entrevoir d'immenses tentatives régénératrices pour l'avenir. Et qui sait ? Une vraie métempsycose.

Les replis les plus secrets de l'âme sont scrutés et exprimés. Le passé et l'avenir trouvent leurs nuances équivalentes. Tout ce qui s'agite, dans le monde réel et imaginaire, est dépeint avec des couleurs assorties. L'espace même a sa gamme particulière. Fluides ou solides, incandescences ou frigidités, tout a une voix, tout a une résonnance similaire qui vous le fait palper du bout du doigt pour ainsi dire.

Spiritus flat ubi vult. Saluez l'*évocateur* artistique des éléments !....

Et dire, après cela, que chaque semaine, un musicien aussi admirable, un peintre aussi colossal, un philosophe, un esthéticien et un archaïste aussi consommé se voit en butte aux plaisanteries indécentes et aux injures sarcastiques de MM. les feuilletonistes parisiens, la plupart plus littérateurs, en somme, que musiciens, et incapables de disséquer scientifiquement la moindre partition. Cela, à propos des représentations de l'une des plus merveilleuses créations de l'esprit humain : la tétralogie des *Nibelungen.*

Ah! messieurs les Parisiens, qui avez vécu presqu'exclusivement jusqu'ici, à votre Opéra démodé, de l'intervention étrangère — témoin Lulli, Gluck, Spontini, Rossini, Meyerbeer, Donizetti, Verdi et d'autres — vous tenez, paraît-il, à vivre désormais de votre propre vie artistique.

En vérité, en vérité, je vous le dis : le moment viendra où vous mourrez littéralement de faim.

Incapables de vous soutenir jusqu'au bout, même dans les banalités creuses et ridicules où l'Opéra actuel se traîne si péniblement, que ferez-vous, privés que vous êtes du grand souffle épique, de l'inspiration dramatique sublime, lorsque la transformation de votre principale scène lyrique sera devenue, comme elle l'est déjà — nécessaire, imminente, inévitable ?

Ce que vous ferez de mieux ? Je vais vous le dire : Retournez à vos moutons :

Le Français, né malin, créa le vaudeville.

Reprenez la houlette et la musette. Quittez la lyre. Composez des opéras-comiques. Là est votre génie, là est votre gloire.

Documents manquants (pages, cahiers...)
NF Z 43-120-13

www.ingramcontent.com/pod-product-compliance
Lightning Source LLC
LaVergne TN
LVHW022209080426
835511LV00008B/1653